# Women's Hats

## IL CAPPELLO DA DONNA

*Adele Campione*

CHRONICLE BOOKS

SAN FRANCISCO

First published in the United States of America by Chronicle Books in 1994.
Copyright © 1989 by BE-MA Editrice.

Printed in Hong Kong.

Library of Congress Cataloging-in-Publication Data available.

ISBN 0-8118-0781-9

Caption translation: Joe McClinton
Photography: Francesco Panunzio
Series design: Dana Shields, CKS Partners, Inc.
Production: Robin Whiteside
Cover photograph: Francesco Panunzio

Distributed in Canada by Raincoast Books
8680 Cambie Street
Vancouver, B.C. V6P 6M9

10 9 8 7 6 5 4 3

Chronicle Books
85 Second Street
San Francisco, California 94105

Web Site: www.chronbooks.com

# Women's Hats

*H*ere is the companion volume to *Men's Hats*—with an imaginative variety of shapes and colors and tracing the evolution of tastes in women's hats from the late nineteenth century to the 1960s.

For women, a hat has always represented creativity, femininity, and elegance. This collection offers a carefully chosen selection from among the most characteristic styles of past eras, providing a wide-angle historical perspective on what has been the essential accessory for the well-dressed woman.

The superb color photographs constitute a kind of fashion documentary, enlivened by remarkable details. These evocative images are worth an attentive look, and lead us back through an era in fashion when women consistently understood how to express their own sense of style in details as subtle as the choice of a hat.

(Except where indicated otherwise, all hats are from the Gallia and Peter Collection.)

*A* derby in dove-grey felt velour. Around the rather high crown is an exquisite grey silk scarf with netting down the center, held in place with a burnished metal buckle. This model was in vogue thanks to two empresses with a passion for riding:  Elisabeth of Austria and Eugénie, wife of Napoleon III of France.

*Cappello da amazzone in feltro velour grigio tortora; intorno alla cupola piuttosto alta, preziosa sciarpa di seta grigia lavorata a rete nella sua parte centrale e fissata da una fibbia in metallo brunito.*
*Un modello in voga soprattutto grazie alla passione per l'equitazione di Elisabetta d'Austria e di Eugenia, moglie di Napoleone III.*

$\mathcal{A}$ hat of plaited Florentine straw. The delicate pastel green color is offset by the yellow roses and buds and pale custard-yellow faille ribbon. Straw hats, in darker colors, were also worn in winter.

*Cappello di paglia di Firenze intrecciata; la delicatezza del verde pastello è posta in risalto dalla guarnizione di boccioli e roselline gialle e dal nastro di faille color crema. In colori più scuri, le paglie si portano anche d'inverno.* ➤

Jrom *La Modiste Universelle*, July 1880.
*Da "La Modiste Universelle", luglio 1880.*

*A* delicate green Florentine straw hat with
a round crown and wide brim completely covered
with ostrich plumes, silk flowers, and faille moiré
ribbons in shades of rose, green, and golden yellow.

*Paglia di Firenze verdina a cupola rotonda e grande
ala completamente ricoperta da piume di struzzo,
fiori di seta, nastri di faille moirée nei toni del
rosa, del verde e del giallo oro.*

From *La Saison*, October 1891: six styles for
autumn and winter.

*Da "La Saison," ottobre 1891: sei modelli per
l'autunno inverno.*

*S*age-green draped felt; faille ribbons in
bows like opening buds, and black and white knife-
like feathers. A gilded-brown veil falls to the chin.

*Feltro verde salvia drappeggiato; nastri di faille
annodati a fiore sbocciato e penne a coltello bianche
e nere. Veletta al mento marrone dorato.*

*F*rom *La Saison*, August 1893. A group
of straw hats for every moment of the day.
The finest and most expensive straw was Italian,
followed by the English, Swiss, and Chinese.

*Da "La Saison", agosto 1893. Una serie di
cappellini di paglia per ogni occasione della
giornata. La paglia di maggior pregio è quella
italiana; seguono l'inglese, la svizzera e la cinese.*

*A* natural straw hat with a garland of roses around the underside of the brim. Around the crown and at the edge of the brim are three ruches of patterned tulle. As a delicate miniature by C. Hampeln in the Russian Museum shows, this style was worn as early as 1830.
A rough straw capote, with a narrow raised brim supporting a large black and gold striped bow and yellow and white roses in the center.

*Cappello di paglia naturale con sotto ala guarnito da un tralcio di rose; intorno alla cupola e al bordo dell'ala, tre ruches di tulle operato. Usava fin dal 1830, lo prova una delicata miniatura di C. Hampeln conservata al Museo Russo. Capote di pagliazzone con ala piccola e rialzata che trattiene un grande fiocco a righe nere e oro; al centro, rose gialle e bianche.*

 $\mathscr{A}$  boater of wood straw trimmed with
a wide ribbon of patterned blue silk and a cluster
of fruit and flowers. Colored veil.

*Magiostrina di paglia di legno guarnita da un alto
nastro di seta operata blu e da un piquet di frutta
e fiori. Veletta colorata.*

$\mathcal{F}$rom *L'Eco della Moda* (The Echo of
Fashion), September 1896. The hat is described in
minute detail: "round; a flat brim with doublée
edging. Trimmed with knife-pleated ribbons and
stiff bow, flowers in colors to match the dress."

*Da "L'eco della Moda", settembre 1896. Il cap-
pello e minuziosamente descritto: "tondo, ad ala
piatta bordata doublée.*
*Decorazioni di nastri a coltelli e a fiocco rigido,
fiori in colori assortiti a quelli dell'abito".*

$\mathcal{A}$ black velvet model with a wide, flat brim, trimmed with silk tulle, mother-of-pearl and chenille leaves, fruit, flowers, and aigrettes.

*Modello in velluto nero a grande ala piatta guarnita di tulle di seta, foglie di madreperla e ciniglia, frutta, fiori e aigrettes.*

$\mathcal{L}$ace.

*Trine ad ago.*

Figura 78.

$\mathscr{A}$ white hat for the country, with open-weave crown. Silk organza ribbon and brim, with lace appliqué. We know this hat was sometimes worn when playing tennis.

*Cappello bianco da campagna con cupola intrecciata a giorno; nastro e ala di organza di seta con applicazioni di trina ad ago.*
*E' testimoniato l'uso di questo cappello come modello da tennis.*

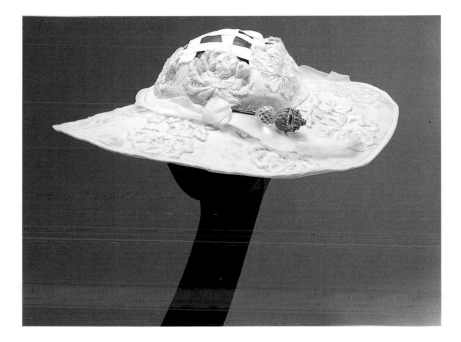

*O*rnamental feathers for hats. The mania for feathers on women's hats reached one of its peaks in the nineteenth century; there were great advances in taxidermy, and milliners even used stuffed birds whole.

*Guarnizioni di piume per cappelli. La mania del cappello piumato femminile si riacutizza nel XIX secolo; la tassidermia si perfeziona e in modisteria si arriva ad impiegare interi uccellini imbalsamati.*

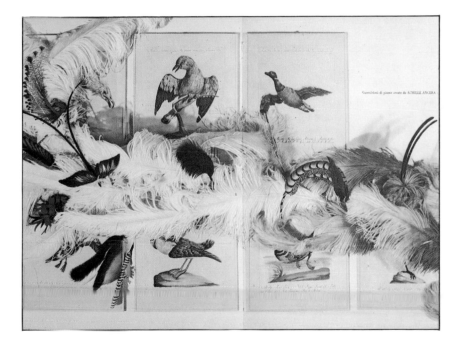

Guarnizioni di piume create da ACHILLE ANGORA

$\mathcal{A}$ large hat of black tulle covered with black and pink ostrich plumes, silk ribbons and flowers, and velvet leaves. During this period the emphasis was on the brim, which had to be wide and flat; the line was horizontal. The brim may be turned up at the back.

*Grande cappello di tulle nero ricoperto di piume di struzzo nere e rosa, nastri e fiori di seta, foglie di velluto. In quest'epoca l'interesse è focalizzato sull'ala, che deve essere grande e piatta; la linea è orizzontale. L'ala si può rialzare posteriormente.*

This hat displays a nostalgia for the horizontal lines of the previous decade; gilded-brown
velvet with a flat crown, brim covered with
ostrich plumes in shades of brownish beige and
delicate lilac pink. A large curving brown plume
droops to the side.

*Risente ancora del gusto per la linea orizzontale
del precedente decennio questo cappello di velluto
marrone dorato, a cupola piatta, ala ricoperta da
piume di struzzo nei toni beige-marrone e rosa
tenue-lilla. Una grande penna ricurva, marrone,
ricade lateralmente.*

*A* day in the 1910s. For visiting, a calottone or oversized cap, of tulle malines, with a wide band of black aigrettes. The lacquer pin has a violet amethyst head. For a derby in the afternoon, a hat in silk chiffon decorated with diamond pleats and trimmed with passementerie and a veil with two types of mesh; and for a ride in the car, a scarf of iridescent black and red velvet.

*Una giornata Anni Dieci. Foulard per andare in macchina di velluto cangiante nero-rosso; cappello tipo amazzone, da pomeriggio, in chiffon di seta decorato a rombi pieghettati e guarnito di passamaneria e veletta a maglie di due tipi; calottone da visita di tulle malines con alta fascia di aigrettes nere. Lo spillone laccato termina con un'ametista viola.*

*A* long-nap felt cloche with a large semicircular brim turned up on the side; an aigrette graces the flat bow of beige velvet. A small hat of violet velvet woven in a parquet pattern, with a tuft of bird-of-paradise feathers and a rare amethyst pin. Both hats focus on the crown rather than the brim.

*Berretto di feltro a pelo lungo con grande ala semicircolare rialzata di lato; un ciuffo di aigrettes arricchisce la gala piatta di velluto beige.*
*Cappellino di velluto viola a intarsio con piquet di piume di uccello del paradiso e prezioso spillone con ametista. I due modelli enfatizzano la calotta a sfavore dell'ala*

*A*n afternoon hat of black velvet, with small flat brim. Trimmed with patterned silk ribbon, aigrettes, and bird-of-paradise feathers.

*Cappello da pomeriggio di velluto nero, piccola ala piatta e guarnizioni di nastro di seta operata, ciuffi di aigrettes e piume di uccello del paradiso.* ➤

From *Le Style Parisien*, 1917.
*Da "Le Style Parisien" del 1917.*

*A* brown plush tricorn with a flattened crown, trimmed with a "V" of aigrettes.

*Tricorno in felpa marrone a cupola schiacciata con guarnizione a V di aigrettes.*

*I*t falls over the eyes and covers the forehead: a sophisticated toque of brown felt, edged
with ostrich feathers hand-painted in pastels and
gilded along the shafts, interspersed with clusters
of satin seeds, buds, and berries in the same
shades as the feathers.

*Ricade sugli occhi, ricopre la fronte: è una raffi-
nata toque di feltro marrone dal bordo rivestito
di piumette di struzzo dipinte a mano in colori
pastello, dorate lungo le venature e intercalate da
gruppetti di semi, germogli e bacche in raso di
seta nelle stesse tonalità delle piumette.*

*A* stiff band of lead-colored satin draped with jersey lamé; asymmetric trim of dark pink bird-of-paradise feathers held in place with a pin of silver and strass.

*Fascia rigida di raso color piombo con drappeggio in jersey laminato; decorazione asimmetrica di piume di uccello del paradiso rosa carico fissata da uno spillone in argento e strass.*

*A* marron glacé-colored cloche of sewn fine-woven straw, with a turned-up double brim and a double grosgrain ribbon.

A dark brown felt velour with four rows of silk stitching, turned-up brim (Usuelli-Borsalino Collection.

*Cloche marrone glacè di maglina di paglia cucita; ala doppia rialzata, nastro doppio in cannetè. Cloche in feltro velour marrone scuro con quattro giri di impunture in seta; ala rialzata (Coll. Usuelli-Borsalino).*

*A* brown stitched velvet cap with two matching ostrich pompons at the side (Usuelli-Borsalino Collection).

A toque of small curled ostrich feathers with a long side plume.

*Berretto di velluto marrone impunturato con due pompons laterali, in tinta, di piume di struzzo (Coll. Usuelli-Borsalino).*
*Toque di piccole piume di struzzo, arricciate, con lunga piuma laterale.*

$\mathscr{A}$ horsehair bandeau covered with black tulle, embroidered in a diamond pattern with jet beads; centered spray of bird-of-paradise feathers anchored with a semi-precious clasp.

*Fascia di crine rivestita di tulle nero ricamato a rombi di jais; crosse centrale di uccello del paradiso fissata da un fermaglio semi-prezioso.*

𝒜 satiny blue felt hat; a brim-like wing sweeps across the front. One side is decorated with five ribs and a flat bow anchored with a strass buckle.

*Cloche di feltro rasato blu; sul davanti, un'aletta. Un lato è decorato da cinque nervature e da un fiocco piatto trattenuto da una fibbia di strass.*

*A* pearl-gray felt cloche with a centered swallowtail motif of bordeaux-red felt.

A black Bangkok straw toque with black satin edging, red velvet leaves and flowers, and black veil with small chenille checks. A model by Cornelia Peter, who moved from Turin to Milan.

*Cloche di feltro grigio perla con motivo centrale a coda di rondine in feltro bordeaux.*
*Toque nera di paglia di Bangkok con bordo di raso nero, foglie e fiore di velluto rosso, veletta nera a quadratini di ciniglia rossa. Un modello di Cornelia Peter, che si è trasferita da Torino a Milano.*

$\mathscr{A}$ variant of the helmet style in natural straw, patterned with lanceolate leaves in black stitching. The little side bow and the facing of the brim are of black sewn straw (Private collection).

*Variante del modello "elmetto" in paglia naturale con motivi di foglie lanceolate ottenuti a impunture nere; sotto ala e piccolo fiocco laterale in paglia cucita nera (Coll. privata) .*

$\mathcal{T}$hree models that reflect the depression.

A black felt and synthetic satin bonnet with a large flat bow at the back of the neck; an imitation of a Camille-Roger model from two years before.

A little black grosgrain hat, small flat brim decorated with a long white straw bow.

A Borsalino beret made of felt offcuts (*tagliatelle*) from the brims of men's hats (Usuelli-Borsalino Collection).

*Tre modelli che rispecchiano la recessione economica. Cuffia nera di feltro e raso artificiale con grande nodo piatto sulla nuca, imitazione di un modello Camille-Roger di due anni prima. Cappellino di gros-grain nero, piccola ala piatta decorata da un lungo nodo di paglia bianca. Baschetto Borsalino realizzato, in feltro, con le rifilature d'ala ("tagliatelle") dei cappelli da uomo (Coll. Usuelli-Borsalino).*

$\mathscr{A}$ red and black taffeta toque with a geometric motif created by the two-colored bow. A corno turban of cardinal-red matelassé taffeta.

*Toque in taffetas rosso e nero con motivo geometrico creato dal fiocco bicolore. Turbante a cono in taffetas matelassé rosso cardinale.*

$\mathscr{A}$n exotic straw pamela with blue satin for the sides of the crown, the ribbon, and the brim facing. This is a day hat almost in the style of Rose Descat or Cecil Beaton (the brim is slightly wavy).

*Pamela in paglia esotica con parti laterali della calotta, nastro e sotto ala in raso di seta blu. E' un cappello da giorno di linea quasi Rose Descat o nello stile di Cecil Beaton (l'ala è infatti leggermente ondulata).*

$\mathcal{A}$ small Borsalino of golden brown felt patterned in strips to produce an alternating shiny and matte effect. Imposing ornamentation: a little stuffed bird with sky-blue and beige-brown plumage (Usuelli-Borsalino Collection).

A tuft of feathers anchored with a cluster of hazelnuts decorates this hat, which can also be worn without the trim (Usuelli-Borsalino Collection).

*Piccola cloche Borsalino in feltro marrone dorato lavorato a strisce con effetto di lucido-opaco. Importante guarnizione: un uccellino imbalsamato dal piumaggio nei toni celeste-blu, beige-marrone (Coll. Usuelli-Borsalino). Un ciuffo di piume legato da un gruppetto di nocciole decora questa cloche che può anche essere portata senza guarnizioni (Coll. Usuelli-Borsalino).*

$\mathcal{B}$lue felt velour, with an elegantly profiled and close-fitting crown set well back on the head, a turned-up brim shaped into a stylized bow, and a bow tied flat on the side. The 1930s saw a mad whirl of hats. No one line or shape predominated, just a general principle of originality, invention, and variety at all costs.

*Feltro velour blu, calotta posteriore ben sagomata e aderente, ala rialzata e lavorata a fiocco stilizzato: nodo piatto laterale. Per il cappello, gli anni folli sono questi, gli Anni Trenta. Non esistono linee dominanti, ma il principio: originalità, invenzione, diversificazione ad ogni costo.*

*A* black felt velour hat in the style of a French cloche from the 1920s, with a brim that sweeps up vertically in a curved "bongrace." A model whose lines also appear in creations by Louise Bourbon, Maria Guy, and Harrods.

*Feltro velour nero del tipo cloche francese Anni Venti con aletta curvilinea, verticale, sovrapposta. Modello che trova conferma nelle creazioni di Louise Bourbon, Maria Guy, Harrods.*

*A* hat of black felt velour, brim curled up and over at the center, with a net bow and bird-of-paradise plumes; a bakelite and rhinestone pin, and a small veil to the chin.

*Feltro velour nero, ala rialzata e arricciata al centro, fiocco di veletta e piumine di uccello del paradiso; spillone di bachelite e strass, veletta al mento.*

*A* ruby-red wool jersey turban, gathered in a bow at the center of the forehead (Usuelli-Borsalino Collection).

Black felt in the shape of a boater; flat brim covered to the edge with pleated grosgrain. In the center, a bow held with two large pins of imitation blond tortoise shell.

*Turbante in jersey di lana color rubino raccolto da un fiocco al centro della fronte (Coll. Usuelli-Borsalino).*

*Magiostrina di feltro nero; ala piatta rivestita fino al bordo da canneté plissettato. Al centro, fiocco trattenuto da spilloni in finta tartaruga blonde.*

$\mathscr{A}$ cap made of a single spiral of black felt edged in black silk velvet. A pin with silver and marcasite mounting *à la russe* (Usuelli-Borsalino Collection).

*Berretto formato da una spirale di feltro nero orlata di velluto di seta. Spilla con montatura alla russa in argento e marcassite (Coll. Usuelli-Borsalino).*

*A* tall black silk velvet turban, trimmed with pale aqua aigrettes mounted in an embroidered medallion of jet, pearls, and strass.

*Turbante terminante a torre in velluto di seta nero; guarnizioni di aigrettes color acqua montate su ricamo di jais, perle e strass.*

$\mathcal{A}$ flat round hat of fancy woven straw, trimmed with fruit and an ostrich feather. The veil can be lowered over the face or turned back. This pert straw disk is held on the head by a velvet band (Private collection).

*Cappellino piatto, di linea tondeggiante, di paglia operata. Guarnizione di frutta e piume di struzzo. La veletta può essere avvolta intorno al viso o rovesciata all'indietro. Una barrette di velluto fissa questo piattino di paglia al capo (Coll. privata)*

$\mathscr{A}$ cloche of tulle malines with an oval brim covered with black aigrettes. The general line and the open-crown effect are derived from models by Maria Guy.

*Cloche di tulle malines con ala ovale ricoperta di aigrettes nere. Linea ed effetto di calotta senza fondo si rifanno ai modelli di Maria Guy.*

$\mathscr{T}$wo high-crowned felt fedoras, based on an Austrian-inspired contemporary sporting design already much in vogue in the late 1930s.

The first, with a wide brim, is decorated with a broad grosgrain ribbon of the same shade (Private collection).

The second, with an almost conical crown and an even wider brim, is trimmed with a gray felt ribbon tied at the center without a bow.

*Due cloches di feltro a cupola alta derivate da un modello sportivo di uso corrente e di ispirazione austriaca, già molto in voga verso la seconda metà degli Anni Trenta. Il primo, a tesa larga, è ornato da un alto nastro di gros-grain in tinta (Coll. privata).*
*Il secondo, a cupola quasi conica e ala più larga, è guarnito da un nastro di feltro grigio annodato al centro senza fiocco.*

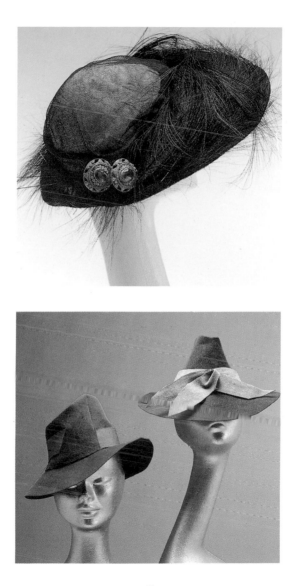

$\mathcal{A}$n exotic rough straw macramé hat, with grosgrain edging. The straw macramé surrounds the crown and ends in a bird wing motif emphasized with a gardenia. Finer materials were becoming scarce; only a year earlier it would have been possible to use a real bird's wing or a tuft of real feathers.

*Paglia esotica e pagliazzone lavorato a macramé con bordo orlato di gros-grain. Il pizzo di paglia circonda la cupola e termina con un motivo ad ala d'uccello sottolineato da una gardenia. I materiali pregiati incominciano a scarseggiare; solo un anno fa si sarebbe potuta usare una vera ala di uccello o una guarnizione in piume vere.*

$\mathcal{A}$ patterned rough straw hat trimmed with fruit, a long blue feather, and a veil stretched over the flat, narrow brim. A summer hat that had been in style since 1939 (Suzy, Agnès, Legroux Soeurs).

*Pagliazzone fantasia guarnito di frutta, lunga penna blu, veletta appoggiata all'ala piatta e breve. Un cappello estivo che va di moda dal 1939 (Suzy, Agnes, Legroux Soeurs).*

*P*ianoforte, a flat toque with a brim in alternating stripes of white satin and black velvet.

*"Pianoforte", toque piatta e ala a strisce alternate di raso bianco-velluto nero.*

*A* two-toned gray velvet and satin turban; the stiff rolled burlone alludes to a hairstyle with a roll across the forehead and long hair falling to the shoulders, popularized by Alida Valli, among others.

*Purbantino di velluto e raso in due toni di grigio; "burlone" rigido che allude alla pettinatura con rotolo sulla fronte e capelli lunghi fino alle spalle; si pettina così anche Alida Valli.*

$\mathcal{H}$ats with an independent style:  Spring and Summer. A black draped quasi-cowl, with synthetic silk knit held in place by a stuffed ring of white knit with stripes of black braid. A polka-dotted turban of synthetic silk, black on white and white on black.

*I capelli autarchici: Primavera - Estate*
*Finta cagoule nera, drappeggiata, di maglia di seta artificiale fermata da una*
*ciambella di maglia bianca a righe di passamaneria nera.*
*Turbante di seta artificiale a pois, in bianco-nero, nero-bianco.*

$\mathcal{H}$ats with an independent style:
Autumn and Winter.

Three hoods in wool jersey, one black, one brown, and one blue, with the simplest of trimmings (Usuelli-Borsalino Collection).

*I capelli autarchici: Autunno - Inverno.*
*Tre foulards in jersey di lana, uno nero, uno marrone e uno blu con semplicissime guarnizioni (Coll. Usuelli-Borsalino) .*

An almost circular hat in black silk velvet.
On top, the velvet brim is intersected by a black
satin half-moon. A silver and rhinestone flower
lies in long-stemmed repose.

*Cappellino di forma quasi circolare di velluto di
seta nero; sovrapposta, un'ala di velluto interse-
cata da una lunetta di raso nero. Fiore d'argento
e strass adagiato lungo il gambo.*

*A* toque of sewn fine red straw, trimmed with fruit, leaves, and a white organza flower with red polka dots.

A black toque of fine-woven straw, sewn in a circular pattern and trimmed with silk leaves and flowers in shades from beige to pink and from red to violet.

*Toque di maglina di paglia cucita rossa guarnita da un fiore di organza bianca a pois rossi, da frutta e da foglie*
*Toque nera di maglina di paglia cucita a motivi circolari, guarnizione di foglie e fiori di seta nelle tonalità dal beige al rosa e dal rosso al viola.*

$\mathcal{A}$ striking black hat with a low sequined crown and a wide brim of several layers of tulle malines. Oddly enough, in 1907 Modigliani had painted one like it in *Head of a Woman with Hat*. A Sugarloaf turban-cap of softly draped cerise silk velvet (Usuelli-Borsalino Collection). It bears a close resemblance to the pagoda turbans of Gilbert Orcel, and also to the *catalañés*, the men's hat of Andalusia. (The designer Balenciaga, a Spaniard, had been working in Paris since 1937.)

*Di grande effetto questo cappello nero dalla calotta in paillettes e grande ala di tulle malines a più strati. Per strano che sembri, Modigliani ne dipinse uno uguale, nel 1907, in "Testa di donna con cappello".*
*Berretto-turbante a pan di zucchero in velluto di seta cerise leggermente drappeggiato (Coll. Usuelli-Borsalino). Quasi un turbante-pagoda di Gilbert Orcel; quasi un calañés, il cappello maschile andaluso (Balenciaga, spagnolo, tiene banco a Parigi dal 1937).*

*A* sewn straw pagoda hat in shades of sand and light and dark blue, held to the back of the head with a blue band.

*Pagoda in maglina di paglia cucita color sabbia, azzurro e blu trattenuta sulla nuca da una barrette blu.*

*L*arge "balibunta" with a brim covered with
glycerin-treated ostrich feathers and trimmed with
a chintz and velvet bouquet.

*Grande balibunta dall'ala ricoperta da penne di
struzzo glicerate e guarnita con un bouquet di cinz
e velluto.*

$\mathscr{A}$ little toque of fuchsia velvet leaves, tied under the chin with black silk veiling, bordered with chenille buds.

A black silk velvet toque with fuchsia velvet leaves and a black veil, with appliqué of little tulle flowers. Artificial flowers were coming back into styles. The specialist in Paris was Trousselier; in Milan, Bresciani.

*Toque a foglie di velluto color fucsia legata sotto il mento da una sciarpa di veletta di seta nera con bordo a corolle di ciniglia.*
*Toque di velluto di seta nero guarnita con foglie di velluto fucsia e veletta nera con applicazioni di piccoli fiori di tulle. Ritornano di moda i fiori artificiali; specialista a Parigi è Trousselier; a Milano, la Bresciani.*

*A* four-pointed casquette of brown ostrich feathers, and a honey-colored ostrich toque. By now the plumed look had already been in fashion in Paris for a couple of years.

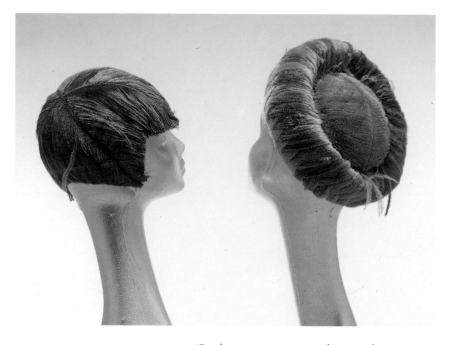

*Caschetto a quattro punte di piume di struzzo marrone e toque di piume di struzzo color miele. A Parigi il "plumed look" è di moda già da un paio d'anni.*

$\mathcal{A}$ brimless hat of water-green velvet, with a vast chou of blossoming petals at the neckline. An original interpretation of Dior's little hats.

A tall turban of black silk velvet with a wide quilted border. Very much in the style of Lanvin, but also reminiscent of Schiaparelli in 1939.

*Cloche senza ala di velluto verde acqua con grande corolla di fiore sbocciato sulla nuca. Una originale interpretazione dei piccoli cappelli di Dior.*
*Turbante a torre di velluto di seta nero con alto bordo matelassé.*
*Molto stile Lanvin, ma anche Schiaparelli 1939.*

*A* tiny black hat of sewn fine straw, trimmed with a big apple-green chintz bow and a bird with green and yellow plumage.

A casquette of biscuit-colored sewn fine straw, trimmed with leaves and hazelnuts.

*Toque nera di maglina di paglia cucita, guarnita da un grande fiocco di cinz verde mela e da un intero uccellino dal piumaggio verde e giallo. Caschetto di maglina di paglia cucita color biscotto guarnito da foglie e nocciole.* ➤

*A* watercolor by Brunetta with autograph dedication to Gallia and Peter.

*Acquarello di Brunetta con dedica autografa alla Gallia e Peter.*
◄

*A* felt cap with two brims, one of matte felt and one of Flemish felt, now also in style for men's hats and a little bird at the side. A Gallia and Peter design in a version by Madame Vernier, worn by Dame Margot Fonteyn and now in the Museum of Costume in Bath.

*Berretto di feltro formato da due ali, in feltro opaco e in feltro flamand, ora di moda anche per il cappello da uomo; di lato, un uccellino. Un modello Gallia e Peter portato, nella versione di Madame Vernier, da Margot Fonteyn e ora al Museum of Costume di Bath.*

*A* black silk velvet toque that recalls the toreador's hat and shimmering *traje de luces* (suit of lights)—not just in shape but in the exquisite embroidery of pearls, jet, and semiprecious stones. With a black veil with appliqué of chenille and lamé (Private collection).

*Toque nera di velluto di seta che ricorda il copricapo del torero e il suo abito, lo scintillante traje de luces, sia nella forma che nel prezioso ricamo in perle, jais e pietre dure. Veletta nera con applicazioni in ciniglia e lamé (Coll. privata).*

$\mathcal{B}$lack sewn fine straw, with a wavy edge folded under against the red velvet facing of the brim. A classic from that year; the June issue of *Vogue* had a Lilly Daché hat on its cover with a low crown and wide brim, neither flat nor curved. A small toque of sewn fine-woven straw; the edging, flat bow, and rolled-fabric trimmings are of velvet. By Christian Dior.

*Maglina di paglia cucita nera dal bordo ondulato che si ripiega, trattenendolo, verso il sotto ala di velluto rosso. E' un classico di quest'anno: il numero di giugno di Vogue riporta in copertina un cappello di Lilly Daché a cupola bassa e grande ala nè piatta nè curva.*
*Piccola toque di maglina di paglia cucita nera; l'orlo, il nodino piatto e i cigolini sono di velluto. E' firmata Christian Dior.*

$\mathcal{T}$wo elegant hairbands for La Scala. One, black and three-pointed, is embroidered with jet beads and trimmed with two sprays of bird of paradise in black and pink. The other is velvet and embroidered with ultramarine jet and pastel pearls; on one side are three comma-shaped cuts and a spray of blue bird-of-paradise plumes.

*Due preziosi cerchietti per la Scala, uno nero, a tre punte, ricamato in jais e guarnito da due crosses, nera e rosa, di uccello del paradiso. L'altro, di velluto, è ricamato in jais blu marin e perle pastello; su di un lato, tre tagli a virgola e crosse blu di piume di uccello del paradiso.*

$\mathscr{A}$ small pagoda hat, or pagodine, of pale pink silk chiffon, trimmed with a large flat flower of the same material (Usuelli-Borsalino Collection).

A hairband of green silk chiffon, its points covered with tiny pink silk roses (Usuelli-Borsalino Collection). In Paris, Paulette was showing casquettes of lilacs; Thaarup in London was showing hairbands of ivy and organza.

*Pagodina di chiffon di seta rosa pallido guarnita da un grande fiore sbocciato dello stesso tessuto (Coll. Usuelli-Borsalino).*
*Cerchietto di chiffon di seta verde ricoperto sulle punte da roselline di seta rosa (Coll. Usuelli-Borsalino). A Parigi Paulette propone caschetti di lillà; Thaarup, a Londra, cerchietti di edera e organza.*

$\mathcal{A}$ brown silk velvet scarf with front edging of matching silk (Usuelli-Borsalino Collection).

A turban of green silk velvet with bombé border covered with bird-of-paradise feathers.

*Foulard di velluto di seta marrone con bordo
frontale di seta in tinta (Coll. Usuelli Borsalino).
Cloche-turbante di velluto di seta verde dal bordo
bombato rivestito di penne di uccello del paradiso.*

*A* large black plaited Florentine straw hat. The broad brim has a flat fold in the center surmounted by two sabre-like feathers (Usuelli-Borsalino Collection).

*Grande paglia di Firenze intrecciata, nera, con larga ala che al centro presenta una piega piatta sormontata da due couteaux (Coll. Usuelli-Borsalino).*

$\mathcal{A}$ leopard toque on a band of black silk velvet draped like a turban. In Paris, Paulette was at the pinnacle of success, as she well knew. She called one of her velvet and ocelot hats *la griffe* (the paw), and it almost looks as though it has three claws.

*Toque di leopardo sormontante una fascia di velluto di seta nero drappeggiata a turbante. A Parigi Paulette tocca il vertice del suo successo e lo sa: "la griffe" è il nome che dà a un suo cappello di velluto e ocelot, quasi una zampa con tre artigli.*

$\mathcal{A}$ black silk velvet toque edged with satin,
a long pale apricot bird-of-paradise feather
droops to the side.

A pillbox toque in dark apricot silk velvet,
with black grosgrain edging and veil (Usuelli-
Borsalino Collection).

*Toque nera di velluto di seta profilata di raso;*
*una lunga penna di uccello del paradiso color*
*albicocca chiaro ricade lateralmente.*
*Toque a tamburello di velluto di seta color albic-*
*occa scuro; orlo di canneté e veletta neri (Coll.*
*Usuelli-Borsalino)*

$\mathcal{A}$ pagoda hat by Gilles in grey and black tempera with autograph dedication to Gallia and Peter.

*Pagoda di Gilles. Tempera grigio e nero con dedica autografa alla Gallia e Peter.*

$\mathcal{A}$ peach velvet pagoda hat with ostrich facing, veil, and organza flower, all in black.

*Pagoda di velluto color pesca con sotto ala in penne di struzzo; veletta e fiore di organza neri.*

$\mathcal{A}$ large plum-red velvet hat with a flat crown, heart-shaped brim, and blue ostrich feathers crossing at the center (Usuelli-Borsalino Collection). Lilly Daché brought the heart-shaped brim back in 1948, but it was not an innovation even back in 1925.

*Grande cloche di velluto color prugna a cupola piatta, ala interrotta a cuore e guarnita con piume di struzzo blu che si incrociano al centro (Coll. Usuelli-Borsalino). L'ala a cuore non è proprio una novità neppure nel 1925; nel 1948 l'ha già riproposta Lilly Daché.*

$\mathcal{T}$wo styles to wrap a chignon: black layered tulle covered with aigrettes, and red velvet chignon pillbox with a black jet band tied in a flat bow on the back. The latter hat was also suitable for wear with a ponytail, Brigitte Bardot's hairstyle.

*Coprichignon nero di tulle a fascia ricoperta di aigrettes. Tamburello da chignon di velluto rosso con fascia nera di jais annodata sul dietro a nodo piatto. Adatto anche per la coda di cavallo, la coiffure di Brigitte Bardot.*

*A* natural sewn fine straw hat, with
an oval brim and plaid grosgrain facing, top,
and band.
 A natural sewn fine straw hat with a small
heart-shaped brim (Private collection).

*Maglina di paglia naturale cucita, ala ovale e
sotto ala, capino e nastro in canneté scozzese.
Maglina di paglia naturale cucita, piccola ala
sagomata a cuore (Coll. privata).*

*A* large patterned rough straw hat with a
flat brim in five alternating layers of pink and
black. Wide silk grosgrain band.

*Pagliazzone fantasia rosa-nero con ala piatta a
cinque strati alternati rosa-nero. Alto nastro di
gros-grain di seta.*

*T*urban-bonnet of sugar-paper velvet,
draped around a pillbox crown (Usuelli-Borsalino
Collection).

*Turbante-cuffia di velluto carta da zucchero
drappeggiato intorno alla calotta a tamburello
(Coll. Usuelli-Borsalino).*

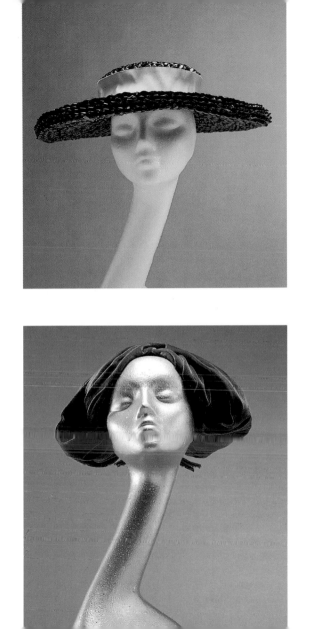

*A* red felt cap. Small and youthful, but, like the Minotaur hats of 1933, ". . . a dream of fragility and delicacy" of debatable innocence. Nabokov's *Lolita* had just come out.

Blue felt mesh turban with red grosgrain knot. This is the American version (bought on Fifth Avenue) of an almost identical turban by Paulette (Usuelli-Borsalino Collection).

*Cappellino di feltro rosso. Piccolo e giovanile ma, come i cappelli del "Minotaure" del 1933 ". . . rêve de fragilité et de delicatesse", di un'opinabile ingenuità. E' appena uscito "Lolita" di Nabokov, Turbante in rete di feltro blu con nodino di grosgrain rosso.*

*E' la versione americana (è stato acquistato a New York nella Quinta Strada) di un quasi identico turbante di Paulette (Coll. Usuelli-Borsalino).*

𝒜 little pagoda hat, or pagodine, with interwoven aigrette brim attached to a close-fitting crown of sand-colored satin.

An ostrich pagodine, trimmed with a rhinestone clasp in the center. By Biki.

*Pagodina con ala di aigrettes intrecciate e fissate su di una calotta di raso color sabbia.*
*Pagodina di penne di struzzo nere guarnita da una fibbia di strass al centro. Di Biki.*

$\mathcal{A}$ draped black silk velvet pagoda hat,
stunningly ornamented with a bird of paradise,
complete with both side tufts of magnificent feathers.

*Pagoda di velluto di seta nero drappeggiato; straor-
dinaria guarnizione di uccello del paradiso completo
dei suoi due ciuffi laterali di magnifiche penne.*

*A* natural sewn fine straw pagoda hat, in two shades of green and brown. Open crown, with a silk chiffon scarf peeking through on top and wrapping the head and neck.

*Pagoda di maglina di paglia naturale cucita, in due tonalità di verde e marrone; cupola senza fondo da cui fuoriesce un foulard di chiffon di seta annodato sul capo e sul collo.*

The hats of the 1940 Molyneux collection had been very large and flat, with a flattened crown. But not as large as this one, made for Giovanna Usuelli-Borsalino in a single piece by the milliners at Borsalino on the occasion of the company's centenary. It is black rabbit felt, almost 24 inches wide (Usuelli-Borsalino Collection).

*I cappelli della collezione Molyneux del 1940 erano piatti, a cupola schiacciata, grandissimi. Ma non quanto questo, creato in un solo pezzo dai cappellai della Borsalino per Giovanna Usuelli-Borsalino in occasione del centenario dell'azienda. E' in feltro di coniglio nero ed è largo quasi 60 cm (Coll. Usuelli-Borsalino).*

*A* shako-like toque of long-napped cream felt, decorated with a braid galloon, buttons, and silk tassel. An irresistible status symbol, especially if signed by Jole Veneziani, it was made to go superbly with mink.

*Toque a colbacco di feltro color panna a pelo lungo guarnita da un gallone di passamaneria, bottoncini e nappa di seta. Adattissimo al visone, status symbol di un'irresistibile ascesa specialmente se è firmato Jole Veneziani.*

*A* large cap, almost a full crown, of turquoise tulle malines covered with matching aigrettes. The pin is of turquoise and rhinestone daisies.

*Calottone, quasi una corona, di tulle malines color turchese con bordo rivestito di aigrettes di identico colore. Spilla di margherite di turchesi e strass.*

$\mathcal{F}$rom the year of Mary Quant's English revolution. In her King's Road bazaar, she sold Victorian hats, jockey caps, and Amish bonnets. Perhaps Italian hats began to display a taste for the great artistic traditions of the past because of this influence.

*E' l'anno della rivoluzione inglese di Mary Quant. Che, nel suo Bazaar in King's Road, vende cuffioni vittoriani, cappelli da fantino, cappelloni da Amish. E' forse per questo motivo che, in Italia, si manifesta, nei cappelli, un gusto per la grande tradizione artistica del passato.*

$\mathcal{A}$n oversized beret of white tulle with a silk rose at the side and covered with white silk gauze and black netting that curls along the edges.

*Grande basco di tulle bianco rivestito di garza di seta bianca e di rete nera che si arriccia lungo il bordo dell'ala rialzata. Lateralmente, una rosa di seta.*

$\mathscr{A}$ black stitched silk ballon (Usuelli-Borsalino Collection).

*Ballon di velluto di seta nero impunturato (Coll. Usuelli-Borsalino) .*

$\mathscr{T}$he ballon can also deflate into a sophisticated beret.

*Il ballon può diventare un basco sofisticato.*

*A* sewn Swiss straw hat, mounted on horsehair, folded flat at the front and in a herringbone pattern behind.

Strips of sewn fine straw mounted on horsehair make this a spiral cap. The strips form little curls at the edges.

*Paglia svizzera cucita, montata su crine a pieghe piatte sul davanti e a spina di pesce sul dietro. Strisce di maglina di paglia cucita montate su crine; calotta a spirale. Le strisce formano piccoli riccioli.*

$\mathcal{A}$ brown satin hat with very high crown, by Givenchy; this shape was also much loved by Otto Lucas (Usuelli-Borsalino Collection).
A casquette of green satin and organza petals mounted on tulle (Usuelli-Borsalino Collection).

*Cloche chiusa con calotta molto alta in raso di seta marrone, firmata Givenchy; è una forma molto amata anche da Otto Lucas (Coll. Usuelli-Borsalino).*
*Caschetto di petali verdi di raso e organza montati su tulle (Coll. Usuelli-Borsalino).*

*A* large high-crowned pamela in cognac organza, with a wide brim drooping in bled flounces.

*Grande pamela di organza color cognac a cupola alta, ampia ala spiovente a balze doublées.*

$\mathcal{A}$ cowl of black rooster feathers mounted on silk.
A casque of black rooster feathers mounted on tulle.

*Cagoule di penne di gallo nere montate su seta.*
*Casco di penne di gallo nere montate su tulle.*

$\mathcal{A}$ lampshade hat, with a stitched black silk velvet crown, brim draped with satin, and large black rose.

*Cloche "a paralume": calotta di velluto di seta nero impunturato, ala drappeggiata di raso di seta, grande rosa nera.*

*P*rimrose-blue rein-
deer cowl, lined with wool
jersey and topped with a
shako of black muskrat
treated like mink.

*Cagoule di renna color
primula foderata di jersey di
lana; al di sopra, colbacco di
rat musqué nero lavorato a
visone.*

$\mathcal{A}$ turban of fringed silk moiré strips, mounted like a diadem of blossoming flowers (Usuelli-Borsalino Collection).

*Cloche-turbante a strisce di moire di seta sfrangiate e montate a diadema di fiori sbocciati (Coll. Usuelli-Borsalino).*

*B*lack tulle malines; the veil crown is draped in spirals, then the veil falls to the brim and creates a unique effect that combines transparency with an allusive reserve.

*Cloche nera di tulle malines; la calotta, di veletta, è drappeggiata a spirale; ricadendo sull'ala, la veletta crea un insolito effetto di trasparenza e, insieme, di allusiva riservatezza.*

*A* black silk velvet hat with a broad brim, embroidered on top with a multicolored feather pattern and faced with stitched satin.

*Cloche di velluto di seta nero con grande ala ricamata, a colori, a motivo di penna superiormente e, nella parte inferiore, rivestita di raso impunturato.*

$\mathcal{A}$ periwinkle taffeta hat with a flat crown and brim with three fringed flounces (Usuelli-Borsalino Collection).

*Cloche in taffetas azzurro pervinca, cupola piatta e ala a tre balze sfrangiate (Coll. Usuelli-Borsalino).*

$\mathcal{A}$ black organza scarf. The long tufts of ostrich plumes around the band and the appliqué of black velvet drops mimic the peacock's tail.

*Foulard di organza nera; i lunghi ciuffi di piume di struzzo applicati sul nastro e le gocce di velluto nero applicate sul foulard alludono alla ruota del pavone.*

$\mathcal{L}$ega painted a severe monochromatic shako in *Signora Titta Elisa Guidacci* back in 1887, but in shape the hat was not unlike this one.

*Severo, monocolore il colbacco della "Signora Titta Elisa Guidacci" dipinto da Lega nel 1887, però non dissimile, nella forma, da questo.*

*A* violet felt velour hat by Borsalino (Usuelli-Borsalino Collection).

A Borsalino *Onci* of pale lilac felt. This ageless beret model had been produced since 1939 (Usuelli-Borsalino Collection).

*Cloche Borsalino in feltro velour color glicine (Coll. Usuelli-Borsalino) .*

*"Onci" Borsalino di feltro color lilla chiaro. E' un modello in produzione dal 1939, un basco senza limiti di età (Coll. Usuelli-Borsalino).*

$\mathcal{A}$ Borsalino cloche of stitched soft black leather (Usuelli-Borsalino Collection). A soft red leather beret with a profiled crown. A black leather bonnet with red Lenci cloth lining.

*Cloche Borsalino in nappa nera impunturata (Coll. Usuelli-Borsalino).*
*Basco in nappa rossa sagomato sulla cupola.*
*Cuffietta di pelle nera con interno di panno Lenci rosso.*

*A* pamela of rose-beige silk organza.
The brim is covered with doubled organza petals.

*Cloche tipo Pamela in organza di seta beige
rosato; l'ala è ricoperta di petali di organza
doppiata.*

A white silk turban from Biki. Created by the première Ada, the turban is virtually the trademark of the House of Biki.

When eggs were thrown at evening furs and Rolls Royces at the opening of La Scala's opera season, it ended an era of high fashion in the Milan created by Biki and Jole Venezian—an era of great elegance and great designers, opulence, and parties.

*Turbante di seta bianca firmato Biki. Creato dalla première Ada, il turbante è quasi il simbolo della Casa Biki.*
*Il lancio di uova sulle pellicce da gran sera e sulle Rolls-Royce di chi si reca alla prima della Scala chiude un'epoca dell'alta moda e della Milano della Biki e di Jole Veneziani .*
*Delle grandi eleganze firmate, dei fasti e delle feste*

*T*wo turbans of aigrettes mounted on tulle. These are the feathered versions of the fur shako, more and more fashionable after the Fendi-Lagerfeld revolution in furs. This was the year these furriers first presented their more down-to-earth collection at the Pitti Palace.

*Due cloches-turbante in aigrettes montate su tulle. Sono la versione in piume del colbacco di pelliccia, sempre più di moda anche in seguito alla rivoluzione di pelliccia, operata, in pellicceria, dalle Fendi-Lagerfeld che quest'anno, per la prima volta, presentano la loro collezione smitizzante a Palazzo Pitti.*

# A Word from the Collector

*I* am the heir of a dynasty of famous milliners: my great-grandmother Lalla made hats in Turin for ladies of the court and Queen Margherita; my grandmother Mariuccia chose to continue this profession, moving to via Montenapoleone in Milan, where she founded Gallia and Peter. This company was, in turn, passed on to my mother.

Today it is my turn to follow enthusiastically in my family's footsteps; each day, I create unique pieces to complete and accessorize outfits for my own clients and important fashion shows.

It was a great pleasure collaborating in the production of this book, which I hope will give readers a way to learn the history of hats through the models I have collected and emphasize the lasting importance of the art of millinery.

I am sure this work will earn the interest of all fashion enthusiasts who believe, as I do, that the hat is more than a mere accessory.

*— Laura Marelli*

# Glossary

**Aigrette:** A spray of feathers, originally those of the egret.

**Ballon:** A hat shaped like a balloon.

**Beret:** A floppy brimless hat, with or without a little tuft in the center.

**Boater:** A straw hat with flat crown and brim, sometimes also called a sailor hat.

**Brim:** The part below the crown.

**Burlone:** In Italian milliner's jargon, a roll surrounding the crown.

**Calottone:** An oversized cap, loosely shaped around the head, with a variously decorated edge.

**Cap:** A brimless hat, with or without a visor.

**Capote:** A little hat of the Victorian era, usually more or less oval in shape.

**Casquette:** A helmet-like hat that fits closely to all or most of the head.

**Chou:** A soft cabbage-shaped ornament or rosette of fabric.

**Cloche:** In English and French, a small helmet-like hat, usually with a very deep rounded crown and a very narrow brim. In Italian, any bell-shaped hat, often with a wide, drooping brim.

**Corno:** A tall, tapering hat; a shape with a very ancient pedigree.

**Cowl:** A hood-like hat that also covers the neck like a balaclava.

**Crown:** The part of the hat that covers the crown of the head, either roughly conical in shape or close-fitting like a portion of a sphere.

**Pagoda:** A hat with an almost triangular shape.

**Pamela:** A hat with a slightly curved brim that slopes downward both in front and in back; from the heroine of Richardson's novel of the same name (1741).

**Pillbox:** A small round toque, especially one with a flat crown and straight sides.

**Scarf:** A piece of cloth sewn to a front ribbon that is tied under the chin or behind the neck.

**Shako:** A hat either cylindrical or flaring upward, covered with fur. Analogously, any fur hat shaped similarly to an Asian shako.

**Strass:** Lead glass used in the manufacture of artificial gems.

**Toque:** Originally a high brimless hat with a pleated crown. Today, a brimless hat, usually with a low and more or less stiff crown.

**Tricorn:** A hat whose brim is folded to form three corners.

**Turban:** A hat of near Asian origin made of a strip of cloth wound a number of times around the head. In millinery, the fabric is usually wrapped around a close-fitting crown.